머리말

『엄마랑 모글이랑』은 가정에서 아이와 엄마가 기존의 '가나다' 습득부터 시작하는 한글 공부에서 벗어나 생활 속에서 보다 재미있게 한글, 감정, 사회적 소통방법을 그림으로 배울 수 있도록 만들었습니다. 만 2세 유아를 둔 엄마로서, 또 아동 심리상담 및 치료를 업으로 삼아 학교에서 가르치는 사람으로서 어떻게 하면 아이들이 기존의 틀에서 벗어나 보다 쉽게 놀이처럼 한글을 배울 수 있을지 고민하며 이 책을 고안하였습니다. 동시에 발달 지연이 있는 아동이 우선적으로 습득해야 하는 보다 필요한 부분 위주로 자연스럽게 익힐 수 있게 설계하였습니다.

물론『엄마랑 모글이랑』시리즈는 앞서 개발된 모글(www.mogulaac.com) 앱을 활용하는 용도로 개발되어 의사소통을 돕고자 하는 데 본연의 목표가 있습니다. 하지만 영유아 발달에 있어서의 개인차 혹은 발달의 차이를 염두에 두기보다 이를 확장하여 해석하는 것에 의미를 두었습니다. 다른 시각에서 설명 드리자면, 한국어를 처음 접하는 외국인 아동에게 한국어를 가르치는 입장에서 이 책을 집필하였습니다. 가장 기본적인 접근방법인 그림을 이용하는 방법(PECs 스티커), 의사소통에서 상황 설명을 위한 제스처를 대체할 수 있는 그림 그리고 반복 연습(Pattern Talk)을 이용하여 아동이 상황을 이해하고 보다 재미있게 한글에 접근할 수 있도록 하였습니다.

『엄마랑 모글이랑』은 기본적으로 아동 발달에 있어 가장 중요한 **부모-아동의 관계**[Parent-child(P-C) relationship]**와 반응**(responsiveness)을 고려하여 만든 **홈 스쿨링용 워크북**입니다. 기본적으로 제공되는 내용 이외에도 다양한 방법 및 놀이로 응용하여 아동의 언어확장을 도울 수 있을 것입니다. 이 책을 접하는 모든 부모님과 아동의 무한한 발전을 기원하며, 이 책의 출판을 도와주신 모든 분께 감사 드립니다.

박정은

초기언어발달 촉진을 돕는

엄마랑 모글이랑

사회성 키우기 1

박정은 저

학지사

CONTENTS

모글맘 가이드

『엄마랑 모글이랑: 사회성 키우기』는 사회성 기본기를 다지기 위한 교재로 언어확장과 문장 배우기를 목표로 합니다. 각 장은 모글 그림/부호 시스템을 이용한 기본 학습 프로그램, 픽처 플레이(Picture Play) 혹은 픽처 리플레이(Picture Replay), 패턴톡(Pattern Talk), 연습(Exercise)으로 구성되어 있습니다. 또한 연습용으로 제공된 모글 PECs 스티커를 사용할 수 있습니다.

『엄마랑 모글이랑』과 함께 개발된 모글 AAC는 의사소통을 원활하게 하기 위한 생활용 목적 외에도 교육용 기능이 있습니다. 특히 메인 기능인 사용자 맞춤 형태의 모글 바스켓은 개인이 카테고리를 생성하고 단어를 저장하여 쓰는 기능으로 학교, 치료센터를 비롯하여 가정에서도 개인 맞춤형으로 저장하여 반복학습을 할 수 있도록 설계되었습니다. 이처럼 『엄마랑 모글이랑』 시리즈는 가정-학교-치료센터에서 중재와 반복학습을 활성화하기 위해 만들어진 교재로 아동이 치료사, 선생님 또는 부모님과 함께 한글을 배울 수 있도록 개발되었습니다.

UNIT. 1

네/아니요
(감정)

네

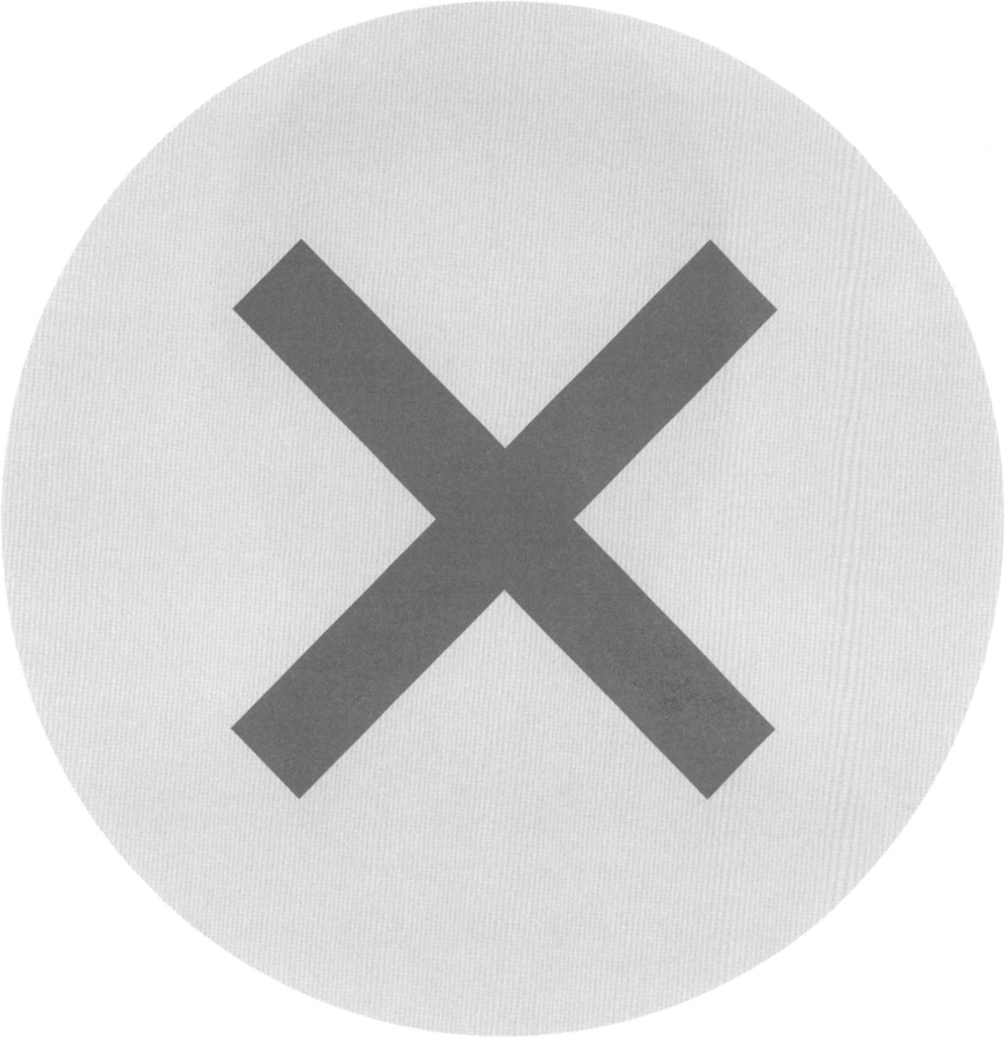

아니요

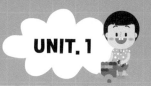

네

아니요

좋아요

네

싫어요

아니요

13

기뻐요

네

슬퍼요

아니요

웃겨요

네

화나요

아니요

신나요

네

무서워요

아니요

쉬워요

네

복잡해요

아니요

좋아요/
싫어요

좋아요

네

싫어요

아니요

엄마

 좋아요    싫어요

아빠

 좋아요

싫어요

할머니

 좋아요

 싫어요

할아버지

 좋아요

 싫어요

선생님

 좋아요    싫어요

친구

 좋아요　 싫어요

Picture Play

빈 동그라미 안에 알맞은 사람을 모글 PECs 스티커에서 찾아 붙이세요.

좋아요

싫어요

Pattern Talk

모글 AAC로 따라 해 보세요.

1. 엄마 좋아요, 엄마 사랑해.

엄마   좋아요

엄마   사랑해

2. 나도 사랑해.

나도   + ㄷ   사랑해

TIP 모글 PECs 스티커에서 알맞은 스티커를 찾아 대화에 활용해 보세요.

Exercise

모글 PECs 스티커에서 대화를 찾아 알맞은 자리에 붙이세요.

1. 엄마 좋아요, 엄마 사랑해.

2. 나도 사랑해.

주세요

좋아요

주세요

→

네

싫어요

아니요

밥

좋아요　주세요　싫어요

채소

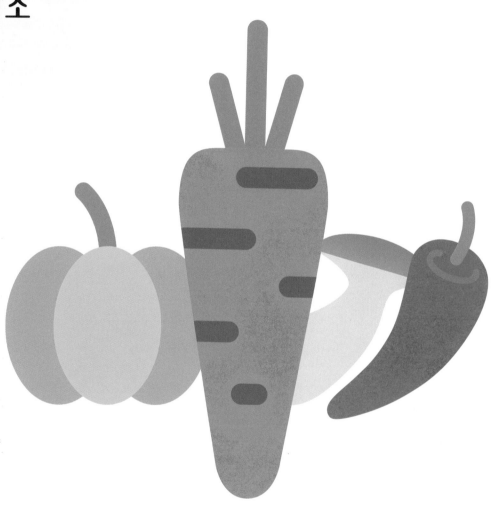

좋아요

주세요

싫어요

김치

 좋아요

 주세요

 싫어요

고기

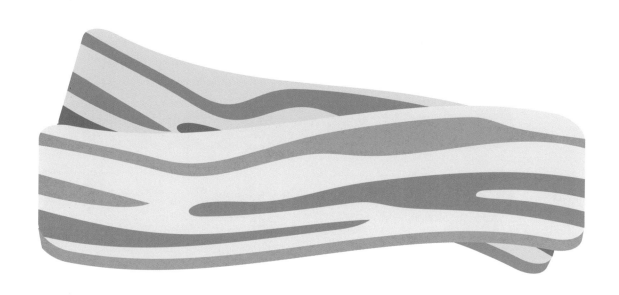

좋아요

주세요

싫어요

햄버거

김밥

좋아요

주세요

싫어요

Picture Play

빈 동그라미 안에 알맞은 음식을 모글 PECs 스티커에서 찾아 붙이세요.

싫어요

Pattern Talk

모글 AAC로 따라 해 보세요.

1. 밥 좋아요. 채소 싫어요, 고기 주세요.

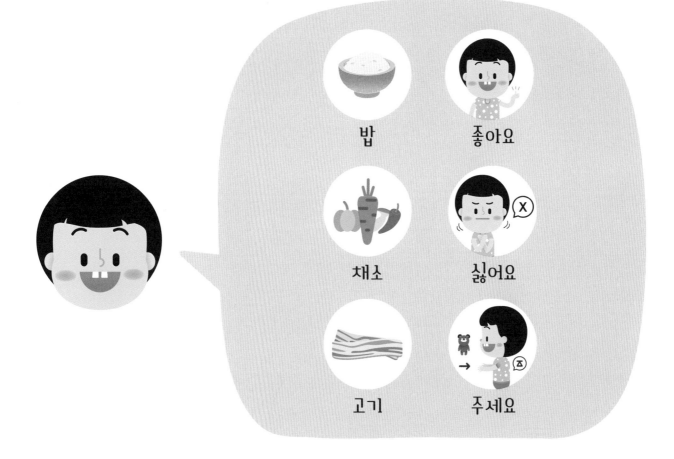

밥   좋아요

채소   싫어요

고기   주세요

2. 채소도 고기랑 먹자.

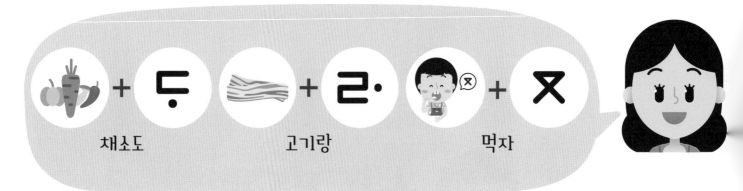

채소도   고기랑   먹자

TIP   모글 PECs 스티커에서 알맞은 스티커를 찾아 대화에 활용해 보세요.

 **Exercise**

모글 PECs 스티커에서 대화를 찾아 알맞은 자리에 붙이세요.

1. 밥 좋아요. 채소 싫어요. 고기 주세요.

2. 채소도 고기랑 먹자.

하고 싶어요

좋아요

하고
싶어요

네

싫어요

아니요

레고

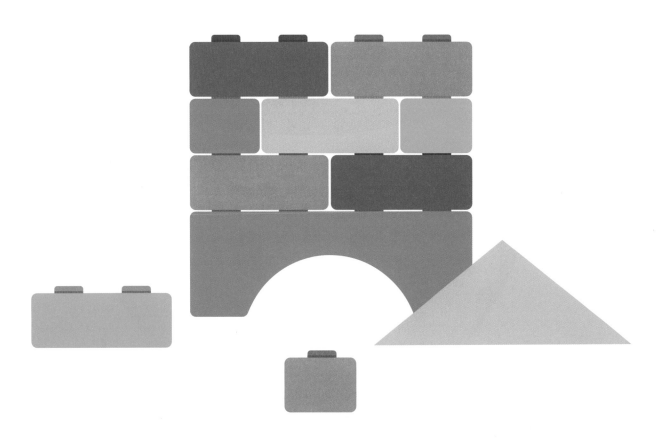

인형

좋아요 하고 싶어요 싫어요

자동차

축구

좋아요

하고 싶어요

싫어요

컴퓨터

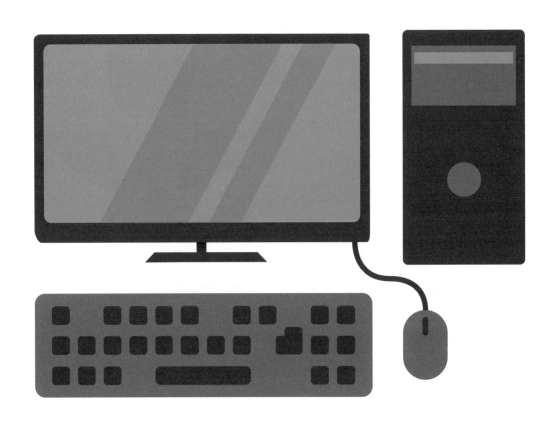

좋아요 하고 싶어요 싫어요

미술

좋아요

하고 싶어요

싫어요

🐼 Picture Play

빈 동그라미 안에 알맞은 물건/활동을 모글 PECs 스티커에서 찾아 붙이세요.

하고 싶어요

Pattern Talk

모글 AAC로 따라 해 보세요.

1. 자동차 좋아요. 레고 좋아요. 같이 하고 싶어요.

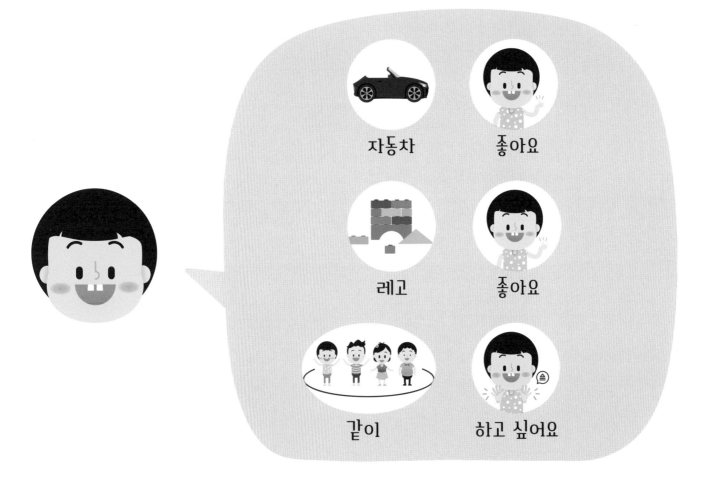

자동차   좋아요

레고   좋아요

같이   하고 싶어요

2. 같이 놀자.

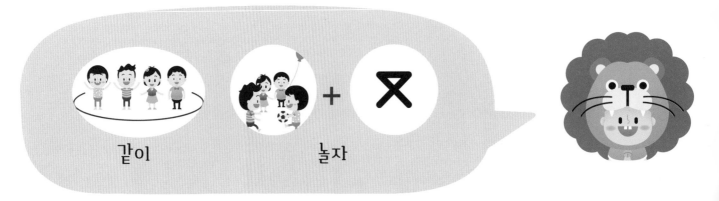

같이   놀자

56   **TIP**   모글 PECs 스티커에서 알맞은 스티커를 찾아 대화에 활용해 보세요.

 Exercise

모글 PECs 스티커에서 대화를 찾아 알맞은 자리에 붙이세요.

1. 자동차 좋아요. 레고 좋아요. 같이 하고 싶어요.

2. 같이 놀자.

모글 PECS 스티커 활용법

모글 PECs 스티커에서
필요한 모글 그림 부호/기호를 찾아
해당하는 패턴톡에 붙이고 연습하세요.

모글 AAC에서는

사람, 표현, 동사, 기본 생활, 질문, 음식, 장소, 몸,
기관, 물건, 자연, 동물, 학교 생활, 색깔, 모양, 수 등
생활에 필요한 모든 단어와 상황을 표현할 수 있게
개발되어 좀 더 재미있고 쉽게 의사소통을 배우고
공부할 수 있습니다.

기분 그리기

기분 그리기

기분 그리기

기분 그리기

저자 소개

박정은 Jeanne Jung-Eun Park

Carnegie Mellon University 학사, 석사
The School of the Art Institute of Chicago 석사
Lesley University 박사
현 모글/모글연구소 대표
　단국대학교 상담심리학과 겸임교수

박정은 박사는 미국 Lesley University에서 표현예술치료학 박사 학위를 취득하였고, 건국대학교에서 겸임교수를 역임하였다. 미국 공인 상담심리사(Licensed Professional Counselor: LPC) 및 미술치료사(Art Therapist: ATR)로 미국 시카고 재활병원 및 자폐연구치료학교 등에서 다양한 활동을 하였으며, 상담 및 심리치료 전문가로 현재 개인치료를 진행하는 모글연구소(www.mogulinstitute.com)와 모글(www.mogulaac.com)을 운영 중이다. 현재는 단국대학교 상담심리학과에서 발달심리와 아동·청소년상담을 가르치며 겸임교수로 활동하고 있다. 주요 역서로는 미술치료 책인 『조기개입 아동미술치료: 발달지연과 ASD』(학지사, 2018)가 있다.

초기언어발달 촉진을 돕는

엄마랑 모글이랑 사회성 키우기 1

2021년 2월 20일 1판 1쇄 인쇄
2021년 2월 25일 1판 1쇄 발행

지은이 • 박정은
펴낸이 • 김진환
펴낸곳 • (주) 학지사

04031 서울특별시 마포구 양화로 15길 20 마인드월드빌딩
대표전화 • 02)330-5114   팩스 • 02)324-2345
등록번호 • 제313-2006-000265호

홈페이지 • http://www.hakjisa.co.kr
페이스북 • https://www.facebook.com/hakjisabook

ISBN 978-89-997-2330-8 04370
        978-89-997-2326-1 04370(set)

정가 9,900원

출판 · 교육 · 미디어기업 학지사

간호보건의학출판 학지사메디컬 www.hakjisamd.co.kr
심리검사연구소 인싸이트 www.inpsyt.co.kr
학술논문서비스 뉴논문 www.newnonmun.com
원격교육연수원 카운피아 www.counpia.com

UNIT 2. 좋아요/싫어요(30~31쪽)

UNIT 3. 주세요(42~43쪽)

UNIT 4. 하고 싶어요(54~55쪽)

1

UNIT 4. 하고 싶어요(54~55쪽)

모글 PECS 스티커

4

이 부분은 가위로 오려서 대화와 놀이에 사용하세요.

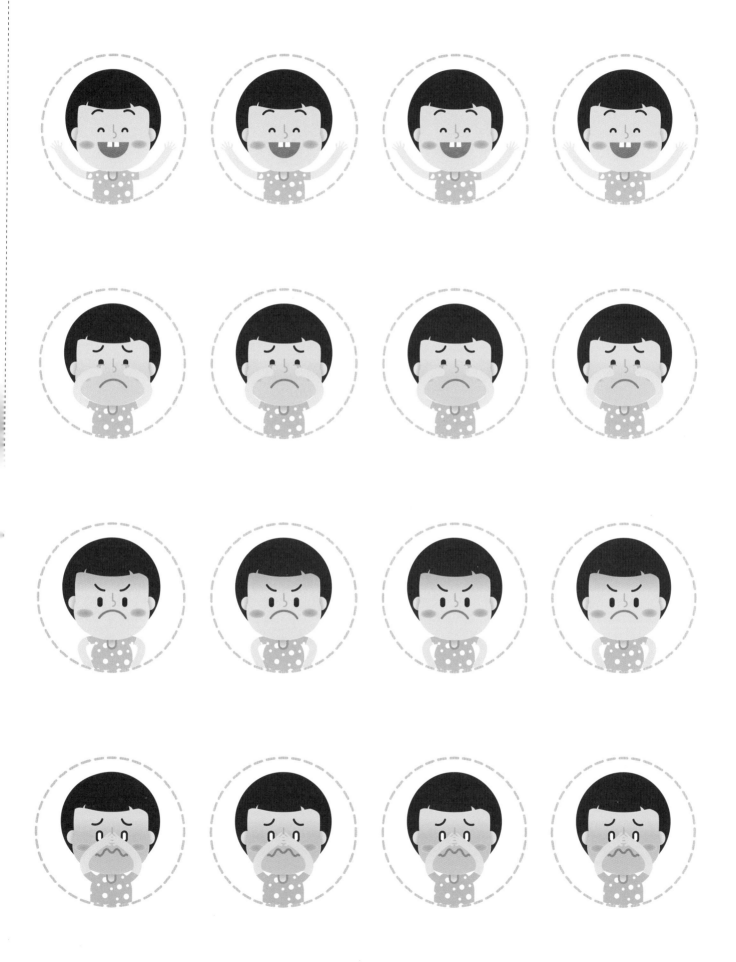